给孩子的简明中国史

A Child's History of China

太喜欢历史了！

知中编委会 编著

壹 神话时代到西周

中信出版集团 | 北京

图书在版编目（CIP）数据

太喜欢历史了！给孩子的简明中国史. 神话时代到西周 / 知中编委会编著. -- 北京：中信出版社, 2019.4（2019.5 重印）
ISBN 978-7-5217-0089-3

Ⅰ. ①太… Ⅱ. ①知… Ⅲ. ①中国历史－原始社会-西周时代－少儿读物 Ⅳ. ①K209

中国版本图书馆CIP数据核字(2019)第028947号

神话时代到西周（太喜欢历史了！给孩子的简明中国史）

编　　著：知中编委会
出版发行：中信出版集团股份有限公司
（北京市朝阳区惠新东街甲4号富盛大厦2座　邮编　100029）
承 印 者：北京联兴盛业印刷股份有限公司

开　　本：787mm × 1092mm　1/16　　印　　张：6.25　　字　　数：110千字
版　　次：2019年4月第1版　　印　　次：2019年5月第2次印刷
广告经营许可证：京朝工商广字第8087号
书　　号：ISBN 978-7-5217-0089-3
定　　价：39.80元

ZHI CHINA
知中

太喜欢历史了！
给孩子的简明中国史

出版人 & 总经理
苏静

艺术指导
汉堡

内容监制
叶扬斌

撰稿人
郭怡菲 / 罗灿 / 书鱼 / 徐乐 / 许峥 / 李艺 / 绪颖 / 陆西渐

插画师
Ricky / 蒋讲太空人 / 子鱼非 / 黄梦真 / Zoey / Yoka

策划编辑
王菲菲 / 苏静

责任编辑
陈鹏 / 叶扬斌 / 刘莲

营销编辑
马英 / 谢沐 / 张雪文 / 严婧 / 刘天怡

联系我们
zhichina@foxmail.com

发行支持
中信出版集团股份有限公司，北京市朝阳区惠新东街甲 4 号，富盛大厦 2 座，100029

微博账号
@ 知中 ZHICHINA

微信账号
ZHICHINA2017

神话时代

文：绪颖，杨涛
绘：蒋讲太空人（时代背景）
Ricky（衣食住行，历史事件）

远古的神话

究竟为什么会有天？为什么会有地？天上有什么？地下又有什么呢？现在我们知道，地球之外，是浩瀚宇宙；而地壳之下，则有地幔和地核，还有滚烫的岩浆。可是在古代，科技并不发达，我们的祖先无法知道这些。敬畏自然的他们，发挥自己的想象，构造了一个宏大的世界。这个世界里有神有魔、有妖有怪，十分精彩。后来这些故事就在民间口耳相传，流传至今。许多国家和民族都有自己的神话传说，盘古开天辟地，上帝创造世界，还有古希腊的奥林匹斯众神……那么中国人眼中的远古世界，究竟是什么样的？

01
天和地从哪里来？

在中国的神话传说中，世界最早并不是现在这样。那时候，世界一片混沌，没有上下左右之分，也没有东西南北之别。混沌之中，什么都看不见，什么也摸不到。

然而在这样的环境中，却沉睡着一位巨人——盘古。盘古在这个混沌的世界中足足睡了有一万八千年才醒过来。混沌的世界令他感到非常孤独，于是他摸出一把斧子，朝眼前的混沌猛劈过去。

只听一声巨响，混沌裂开了！一些轻而清的东西，缓缓上升，变成了天；而另一些重而浊的东西，慢慢下沉，变成了地。

混沌虽然分开，天地形成，但盘古仍不放心。于是，他用头顶住天，脚蹬住地，坚决不让天地合在一起。最终，在盘古的努力下，天每日升高一丈，地每日加厚一丈。又经过了一万八千年，天和地才终于稳定下来，而此时的盘古也筋疲力尽，累倒在地。

盘古倒下后，他的身体发生了巨大变化。他的气息，变成了四季的风和飘动的云；他的四肢，变成了大地东、西、南、北四个方位；他的肌肤，变成了辽阔的大地；他的血液，变成了江河湖海；他的汗水，变成了滋润万物的雨露；而他的左眼变成了鲜红的太阳，右眼则变成了银色的月亮。

知识充电站

祖先们的创世神话

西方也有类似的故事。古希腊神话中，混沌之神卡俄斯孕育了大地女神盖亚，盖亚又生下天神乌拉诺斯，于是有了天和地。而著名的《圣经》里也讲到耶和华七天创世的故事。作为神的他花了六天时间为天地相连四处黑暗的混沌世界创造了光、天空、陆地、海洋、各种生物，以及昼夜、四季。他还依据自己的模样造出了人，来掌管世间万物。看到一切变得有序后，他就在第七天休息了。

透过这些形形色色的神话，能看得出无论来自哪里，大家都关心着“我是谁，我从哪里来”这个问题。虽说，起初的创世神话很不科学，但祖先们用好奇心和想象力来解答困惑的行为，为我们开启了在原始世界观基础上的漫漫求索之路。

◀ 在中国的神话传说中，盘古是开天辟地的大英雄。

02
“三皇”究竟是谁？

传说中国历史始于三皇五帝。关于三皇的传说有很多，但三皇到底指谁？古代文献中的说法各不一样。

太史公司马迁写的《史记》里并没有太多有关“三皇”的内容。“三皇”的历史由先人口口相传，这些故事都有一定的神话色彩，很难找到事实依据。因此，作为一个严谨的史学家，司马迁选择不把“三皇”写入他的著作，而用“五帝”作为《史记》的开端。

后来，唐朝的司马贞写了《三皇本纪》以补全《史记》。《三皇本纪》对“三皇”有两种记载，第一种说法认为三皇是伏羲、女娲、神农；另一种说法认为三皇是天皇、地皇、人皇。

有趣的是，第二种说法中的天皇、地皇、人皇不是确切的三个人物。《三皇本纪》里记载：天地初立，有天皇十二人，以木德称王天下。之后，地皇有十一人，以火德称王天下。而人皇有九人，分掌九州，各立城邑。可见，天皇、地皇、人皇是三类人。

其他古籍对三皇的记载也不尽相同，比如在《春秋运斗枢》为：伏羲、神农、女娲；在《尚书·大传》为：伏羲、神农、燧人；在《白虎通》为：伏羲、神农、祝融。

正如东汉末年王符在《潜夫论》中评论道："世间人说三皇五帝，多是以伏羲、神农为二皇，剩下一皇有的说是燧人，有的说是祝融，还有的说是女娲，孰是孰非，并不可知。"

神话人物的故事的流传，反映了先秦时期人们对推动社会和文化发展的人物的崇拜。"三皇五帝"这个专有名称其实统括了这些中华上古的杰出首领代表。

◀ P6~7图原型为明朝万历刻《三才图会》中的天皇氏、地皇氏、人皇氏形象。

03
传授人类基本生活技能的众多神祇

上古时期指文字出现前的时代，在中国一般是指夏朝之前，而用考古学家提出来的时间区段是在旧石器时代晚期到新石器时代中期。这个时候人类仍处在没有开化的状态。

接下来要介绍几位神祇的传说故事，都围绕着一个主题——他们如何改善远古人类的基本生活条件，使得人类不再像野人那样住在山洞里，摘树果、吃生食，而渐渐学会建屋取火、垦荒种地，知道五谷百草，并且有了部落婚嫁意识。

伏羲氏

相传伏羲氏的出生十分神奇。他的母亲华胥氏到雷泽游玩，因踩到一个巨大的脚印而有了身孕，怀胎十二年才生下一个人首蛇身的男孩，给他取名伏羲。

伏羲氏创立八卦，传授给人类博大玄奥的半神智慧。八卦是用来解释宇宙生成、阴阳关系、农业社会和人生哲学的

▼ 该图原型为南宋马麟所画伏羲坐像，没有体现出人首蛇身的形象。

趣味典故

精卫填海

精卫填海的故事来源于《山海经》。传说有座山叫发鸠山，山上长了很多柘树。柘树林里有一种长得像乌鸦，有着白色的嘴、红色的脚，头上羽毛有花纹的鸟。因为它总是"精卫，精卫"地叫着，人们便把这种鸟叫做精卫鸟。

相传，精卫鸟是炎帝的小女儿，本来的名字叫女娃。有一天，女娃去东海游玩，却不小心溺水身亡，再也没有回来。为了让悲剧不再重演，她死后化成鸟，叼着西山上的树枝和石块，用来填满东海。

后来的人们佩服女娃这种敢于反抗，敢于斗争的精神，代代传颂着她的故事。东晋大诗人陶渊明读了《山海经》后，为表咏赞作出"精卫衔微木，将以填沧海。刑天舞干戚，猛志固常在"这样的诗句。

观念，换句话说，八卦是人类与天地神灵相通的工具。人类最早把八卦用于占卜，之后八卦的智慧遍及中国宗教、医学、天文、算术、艺术、军事等各方面。

伏羲氏还教人们制作捕鱼用的网，人类因此从自然界获得了更丰富的食物。他进一步解决了人们的食物问题，充实了厨房，所以又被称为“庖牺（Páoxī）氏”。

燧人氏

远古时代，人类还不会用火，吃的主要是动物生肉或生的植物根茎。这些食物味道腥臊，对肠胃十分有害。这时候圣人燧人氏出现了。他夜观天象，从天地间参悟了五行的属性，知道了火的奥妙。他教人钻木取火，并利用火烤熟食物和抵御寒冷；他还教人用火冶炼金属，制作武器工具等。学会人工取火的人类从此结束了茹毛饮血的历史。人们开始吃熟食，获取的营养也丰富了起来，聪明才智得到充分发挥。他们非常感恩燧人氏，并把他奉为“火祖”。

有巢氏

有巢氏是教会人们建造房屋的圣人。《韩非子》里有记载，在上古时代，人类少而野兽多，而且人类居住在地面上经常会遭受野兽的攻击，时刻都存在着受伤甚至死亡的危险。这时候有巢氏出现了，他指导人们用树枝和藤条在高大的树干上建造房屋，房屋的四壁和屋顶都用树枝遮挡得严严实实。这种树上的巢穴既可挡风避雨，又能防止禽兽的攻击，人们再也不用过着担惊受怕的生活了。有巢氏解决了人类衣、食、住、行四大基本生存问题中“住”的问题，并开创了中华建筑文化。

女娲氏

伏羲氏的妹妹女娲氏人首蛇身，相传是古代神圣的女帝。关于女娲的神话传说很多，比如女娲造人、女娲补天等。

女娲造人说的是，在天地之初大地上并没有人类，是女娲用黄土捏成团造了人。可是捏土造人的速度很慢，于是她拿绳子沾上泥浆，举起绳子一甩，泥浆便洒落在地，变成了一个个人。她祈求上天任命她管理婚姻，地上的人类才得以生生不息，繁衍后代。

女娲补天则说的是，后世经历了一场天塌地陷的大灾

知识充电站

五行说

五行说是中国古代阴阳家的一种系统观。五行说认为，大自然的现象由“木、火、土、金、水”这五种形态的变化所构成，它们不但影响人的命运，同时也使宇宙万物循环不已。

难，女娲冶炼五色石修补苍天的故事。西汉时期淮南王刘安在《淮南子·览冥训》中这样描述道：女娲砍断海中大龟的脚来做撑起四方的天柱，杀死黑龙来拯救冀州，用芦灰堆积起来堵住了洪水。最终，天空被修补了，天地四方的柱子重新立了起来，洪水退去，中原大地恢复了平静。

女娲氏抟土（tuántǔ）造人，补天救世，获得了大功德，因此被奉作大地之母，受到人们长久的崇拜。

神农氏

神农氏发明了农具，教百姓垦荒种粮。他还教会人类制茶，制作衣服，以及制造饮食用的陶器和炊具。

当时自然环境恶化，人类开始被疾病困扰。人们不知道哪些东西可以吃，哪些东西吃了会生病，他们也不知道生病了该如何治疗。善良的神农氏想要帮助人们。于是，他依靠自己的“水晶肚”尝遍百草，并观察这些草药沿各经络运行的走向，以及五脏六腑的变化，从而分辨出各种植物的药性和功用。

他尝出了麦、稻、菽（shū）、黍（shǔ）以及高粱可以充饥，就把种子带回去让百姓种植。他尝了数百种草药，对药性非常熟悉，后来他的经验代代相传，在汉朝时被汇编为《神农本草经》。据说，神农尝百草多次中毒，都多亏了茶解毒，但最后因尝到断肠草无药可解而逝世。人们感恩他的功绩，尊称他为“药王”、“五谷王”和“神农大帝”。

04

“五帝”*：无法比肩的五位明君

知识充电站

结绳记事

传说，在文字出现之前，部落里的专职人员会用粗细不同的绳子，打成距离和形状不同的结，来记录部落的风俗传统和重大事件。

◀ 黄帝和炎帝结盟。

* 五帝为后人的尊称，并非当时的帝王。《史记·五帝本纪》中列黄帝、颛顼、帝喾、尧、舜为五帝。

黄帝为什么被尊称为人文初祖呢?

黄帝

黄帝，是我们中华民族神话传说中上古时期的人物，汉代史学家司马迁把他列为五帝之首。传说黄帝的母亲附宝在郊外遇到了闪电绕北斗星的奇景，而后怀上了黄帝。黄帝的诞生地叫轩辕之丘。所以，后人也称黄帝作轩辕黄帝、轩辕氏。

在传说中，黄帝刚出生不久就会说话了，十二三岁时已经具备了成年人的智慧。后来，黄帝当上了有熊氏部落的首领。这个年轻的领袖把他的部落打理得井井有条。

当时，部落间为了争夺适合牧猎和耕种的土地，常常爆发冲突。其中，黄帝与炎帝两族联合，同以蚩尤为族长的九黎族在涿鹿（Zhuōlù）之野进行的大规模战争，是五帝时期最著名的“涿鹿之战”。传说，蚩尤像巫师一般祭起漫天大雾，使得黄帝的兵士们都迷失方向。黄帝赶忙和几位臣子聚在一起研究，发明了指南车。兵士们借助指南车，辨清了方向，攻下蚩尤的大本营。后代复原的黄帝指南车，车上立着一个小人，不论车子转向何方，小人的手总会指着南方，其实是一个差动齿轮装置。

涿鹿之战以炎黄部落联盟的胜利告终，黄帝登上泰山，举行了隆重的封禅仪式，告祭天地，大家都表示要归顺他。黄帝在位期间政治安定，文化进步，还有许多创造发明，比如数学、音乐、衣裳、水井、舟车、铸鼎等。相传黄帝共有二十五个儿子，其中十四人被分封得了新的姓，比如姬、任、荀等。这些人脱离黄帝母族，建立了新部落，并且随着分封制逐渐扩大，形成了中国大多数的姓氏，而他们追根溯源都是黄帝的后裔。因此，后人尊称黄帝为“人文初祖”。而炎帝、黄帝部落联盟后，经过长期发展形成日后的华夏族，中国人也常自称“炎黄子孙”。

趣味典故

夸父逐日

传说古代勇士夸父是炎帝的后代。他身材魁梧、力大无穷，认为世界上没有做不成的事情。当时，太阳像个大火球，烤得大地发烫，一片闷热。夸父气急了，发誓要把这个讨厌的太阳摘下来。他拿着手杖与太阳竞跑，翻过了许多大山。跑了许久后，夸父感到口渴，就到黄河、渭水喝水。他咕咚咕咚地把黄河、渭水的水都喝光了，还是觉得不够，想去北方喝大湖的水。可是，夸父还没赶到大湖，就渴死了。夸父的手杖被丢到了一旁，化成了桃林，而他的身躯化作了夸父山。

趣味典故

射日的故事

尧做部落首领的时候，天上有十个太阳。火球般的大太阳让草木枯死，大地被烤得直冒烟。当时民间还有猰貐（yàyǔ）、凿齿（záochǐ）、九婴等凶猛的野兽四处为乱。

羿受尧的命令除去这些可恶的野兽，让它们不能再妨害百姓。凶兽除掉后，他又弯弓搭箭，对准天上的火球射去。明晃晃的日光照得人们睁不开眼，百姓们眯着眼睛抬头看天，想知道羿这一箭是否射中了。只见天空突然火光乱飞，一个太阳炸裂开来。在光环的中心，倏地一团火红的东西坠落在地上。人们走近一看，居然是一只黑色的三足乌鸦。想来，这就是传说中居住在太阳的灵兽。天上的太阳少了一个，人间似乎也凉爽了一些。羿趁势又向天空连发了八箭，天上的太阳一个接一个地炸开了，满天都是火光。人们明显感受到空气都凉了下来，不由得齐声为羿这位英雄喝彩。

▼ 羿的射箭技术天下无双，帝喾选拔他担任射官，赐给他朱红色的弓和用禾杆做成的箭。

趣味典故

仓颉造字

传说，我们现在使用的汉字是圣人仓颉创造的。仓颉是黄帝的史官，华夏统一后，黄帝感到用结绳记事的方法无法再满足日益丰富的生活了，就让仓颉替他想办法。

有一天，仓颉看见鸟兽蹄爪的痕迹，他突然想到，因为脚印的形状各不相同，人们才能区分各种动物的踪迹。如果能抓住事物的特征，画出那些百姓们都认识的图像，不就可以传达意思，并记录生活了吗？于是，仓颉便注意观察各种事物的特征，天上的太阳、月亮、星星和云朵，地上的山川湖海、飞禽走兽和常用的物品。他用线条把物体的外形特征勾画出来，创造了象形文字。

仓颉把他造的这些文字献给黄帝，黄帝很高兴，召集各部落族长，让仓颉把这些字传授给他们。从此，各种不同的工作都得到了整治，世间万物也可以考察了。

▼ 尧把两个女儿嫁给了舜。据说舜死的时候。她们抱竹痛哭，眼泪都浸到竹子里，形成了斑斑点点的泪痕。

你听说过“九州”这个地理概念吗？

一个理想的帝王应该有哪些品德呢？

颛顼

传说中，黄帝的孙子颛顼（Zhuānxū），是一个深沉稳重而有谋略的人。黄帝晚年的时候，百姓崇尚鬼神，一切都靠占卜来决定。人们不再虔诚地祭祀上天，也不安心于日常耕作。

颛顼想要改变这个情况，他带头举行了祭拜天地的活动，给百姓做出榜样。他劝导人们耕作时要充分利用土地，做事顺应自然规律。他还禁止了民间用占卜通人神的活动，使人们的生活恢复正常秩序。

在黄帝时代，虽然中原地区得到统一，但和蚩尤部族还是对立的局面。颛顼称帝后，他明确规划了中国的区域建置。他统领的疆域“北至幽陵（今河北、辽宁），南至交趾（今越南），西至流沙（今甘肃），东至蟠木（今东海）”，非常广大。

帝喾

传说帝喾（Dìkù）是黄帝的曾孙，颛顼的侄子。很多帝王都有神奇灵异的出生，帝喾也一样，据说他一生下来就能够说出自己的名字。

帝喾仪表堂堂，道德高尚，广施恩惠，为老百姓着想。他的聪慧让他能了解远处发生的事情，他的明智又使他能洞察细微之情。因为他仁德而不失威严，慈惠而遵守正义，日月所能够照到的地方，风雨所能够降临的地方，没有不归服于他的。

帝喾非常喜爱音乐，他让乐师制作了《九招》《六列》《六英》等歌曲，又让匠人制作了鼓、钟、磬等乐器。《吕氏春秋》记载，有一天，帝喾在宫殿里欣赏音乐。在音乐奏起之后，凤凰、天翟这些传说中的仙鸟也都云集殿堂，伴着音乐起舞。

颛顼、帝喾分别是神话传说“五帝”中的第二位和第三位帝王，前承炎黄，后启尧舜，奠定了我们华夏民族文化的基础。

你知道节气吗？古代的人们是怎样按照历法生活的呢？

尧

尧是五帝之一，据说他的仁德像天空一样浩大，他的智慧像神明一样深邃。人们像追逐太阳一样跟随着他，像遥望云彩一样仰慕着他。他能发扬高尚的品德，让九族亲密和睦，百官善恶彰明。

尧的一个非常重要的成就是根据日月星辰的变化制定历法，并教导百姓按照时令从事农业生产。

在一年的开始，尧恭敬地迎接太阳升起，并测定日出的准确时刻。他把白天和夜晚等长那天定作春分；把朱雀星出现在正南方那天定为仲春。这个时候，百姓分散到田野里耕种，大自然生机勃勃，不断孕育新的生命。

尧又观察太阳向南运行的规律，把白天最长的那天定作夏至；把心宿星出现在正南方定为仲夏。这个时候，雨水很多，百姓都搬到高处，鸟兽为了适应高温环境，身体毛发比较少。

又过了一段日子，当夜晚和白天等长，帝尧把那天定作秋分；把虚宿星出现在正南方时定为仲秋。这个时候，百姓迁往平原，鸟兽刚长出整齐的毛。

尧把白天最短的那天定作冬至，并安排臣子准备储藏食物过冬的事情；把昴宿星出现在正南方定为仲冬。这个时候，百姓待在温暖的屋里，鸟兽的毛发也变得浓密保暖。

就这样，一年的时段都被妥善安排，尧用设置闰月的方法调整四季，各种事务都顺利进行。

尧让位给舜之前，考察了他的哪些品德呢？

舜

尧的继任者并不是他的儿子丹朱，而是舜。这种把帝位传贤而不传子的行为，后人称为“禅让”。

尧认为自己的儿子丹朱顽劣，不适合继任部落首领，因此与臣子商议。有人推荐了舜，说舜很有孝行，家庭关系也处理得妥当。虽然他的家人并不是大善之人，但他可以感化家人，使他们改恶从善。听了这些，尧决定先考察一下舜。

尧把自己的两个女儿娥皇和女英嫁给舜，从两个女儿那里考察他的德行。舜和尧的女儿住在妫水河边，生活和睦，从来没有争吵。尧还让自己的九个儿子和他相处，以评判他的才干。好些天观察下来，舜没有一件事情让尧觉得不满意的。于是，尧派舜负责推行德教。舜教导臣民五种美德，也叫“五典”，分别是父义、母慈、兄友、弟恭和子孝。臣民们听从他的教诲，并遵循这些美德行事。

尧接着让舜总管百官，处理政务。百官都服从舜的指挥，国家的事情被料理得井井有条，毫不紊乱。尧还安排舜负责接待朝见的宾客。舜和这些宾客相处很好，远来的宾客都很敬重他。最后，尧让舜进入大山下茂密的森林，经受自然的考验。舜在暴风雷雨中还能不迷失方向，依然行路。

经过各种各样的考察，尧觉得舜成熟可靠，能够管理好国家，于是决定将部落首领之位让给舜。

原始社会

文：绪颖，陆西渐
绘：蒋讲太空人（时代背景，历史事件）
Ricky（衣食住行）

遥远的世纪！
一起穿越到原始社会吧！

前文我们讲到了盘古开天辟地，于是有了世界，女娲氏造泥人，这才出现了人类。但这些只是我们的祖先对这个世界的美好想象，从来没有证据能够证明盘古和女娲的存在。现在，我们要讲的人类起源，则是科学家们考证的。

你还记得自己小时候的样子吗？和现在一定差别很大吧！那时候的你矮矮小小，连话都说不清楚哩。世界上所有东西，都是会变化的，我们所在的地球也是一样。在很久很久以前，地球并不是现在这个样子。人类最早的祖先——古猿，为了适应环境的变化，从树上搬到了地面生活，并开始不断“变身”。慢慢地，古猿中的一个分支明显比其他分支

更聪明，他们学会的东西更多，适应力也更强。这一分支的猿被称作南方古猿。

可要进化成人类，古猿还得经历漫长的过渡过程，这些“从猿到人”过渡期间的生物，就叫正在形成中的人。

古猿、正在形成中的人、人类，在思维、语言、社会组织和工具的使用等方面都有很大的不同。以工具的使用为例吧：古猿的生活方式非常原始，只有偶尔才使用天然工具，而正在形成中的人则必须依靠工具生存，等进化为人类后，他们就能制造工具了！再后来，人类又经历了旧石器时代、新石器时代。接下来，我们就一起看看这个过程是怎么发生的吧！

生活
在原始社会

衣

原始社会伊始，人类并不知道穿衣服。那时的他们跟其他哺乳类动物一样，通过自身的毛发来保暖。当人类学会使用火后，他们就开始通过烤火取暖了。于是，毛发不再需要发挥保暖功能，慢慢地，人类身上的毛发也开始变得稀少。但是，毛发变少后，人的身体就会彻底裸露出来。这可怎么办呢？为了保护自己，人类开始使用树叶等来遮盖身体。后来又学会用动物毛皮来制作衣服，这才终于结束了赤身裸体走世界的时代。

食

植物的果实和树叶是人类最早的食物。当人类学会制造工具后，他们就开始自己捕捉动物来食用，就像猎人打猎。但跟现在大不相同的是，那时候人们吃的是生肉。有一次，人类偶然吃到了被山火烤制过的肉类，这可比生肉好吃多了！就这样，人类学会了使用火来制作食物。吃熟食也是人类进步的重要标志之一。

住

人类最开始住在天然形成的山洞里，或者树上搭建的简易巢穴中。住在山洞被称为“穴居”，而住在树上则被称为“巢居”。当人类进入新石器时代后，逐渐产生了建造房屋的需要。那时的房屋构造简单，北方人住的是半地穴式房屋和地上房屋，南方人则住的是干栏式的房屋。假如穿越到远古时期，你会住在什么样的房子里呢？

行

人类的祖先最开始依靠四肢走路，跟现在的黑猩猩很像。但人类的祖先在劳动过程中发现直立行走好处多多——直立后，不仅能摘到更高处的果实，视野也更开阔，便于发现危险。

用

在人类还不会使用任何工具以前，一切生活全靠自己的四肢来完成。随着时间的推移和生活所需，也有聪明的“科学家”，他们发明了石器、骨器，甚至是复杂的组合型工具，帮助人类更好地适应恶劣的生存环境，是不是非常伟大？因此，制造工具也是人类与其他动物最主要的差别之一。

01

猿类崛起！来围观人类祖先的正式诞生

我们人类是灵长目动物的一种。说起灵长目动物的演化史，可以追溯到6500万年前那一场造成物种灭绝的大灾难。当时，地球上许多动物，比如说恐龙和一些远古爬行动物，因为不能适应环境的剧烈改变，相继灭绝了。而原始哺乳动物由于体型较小且具备恒温特性，在大灾难中幸存了下来，并成为陆地上占支配地位的动物。

经过漫长的年月，哺乳动物演化出多样的哺乳动物种群，我们人类的早期祖先——属于灵长目的古猿出现了。人类的进化，经历了古猿、能人、直立人、智人几个阶段。古猿是如何进化成能人，最后进化成智人的呢？科学家们还在不断研究完善这个演变过程。但科学家们发现，进化成能人的那一部分古猿，是一类大脑更为发达的古猿。

当时由于气候和自然环境的变化，一部分古猿不再居住在树上而到地面生活。在地面的生活意味着更多的挑战。古猿要在地上和猛兽斗争，学会用前肢挥舞“武器”（石块、

棍棒等），靠下肢站立和移动。随着直立姿势的确立，古猿身体的发音器官也发生了变化，逐渐能发出清晰的音节，古猿群体之间的语言交流也越来越丰富。在多种因素的作用下，这部分古猿的大脑得到发展，学会使用工具，完成了“从猿到人”的过渡。

当然，古猿并不只是朝着“人类”一个方向进化，现在我们在动物园看到的猩猩、大猩猩、黑猩猩、长臂猿（统称“类人猿”），其实也是从古猿进化而来的！古猿是我们人类和现代类人猿的共同祖先，就是在古猿时期，类人猿和人类开始分离进化。因此，虽然现在动物园里有很多猩猩，但它们是不会进化成人类的。

动物园有那么多猩猩，但为什么它们都没进化成人呢？

02 从旧石器时代出发！

迈出文明的第一步

进入新环境的古猿已经进化为能够直立行走并制造石器的早期人类，我们称之为“猿人”。猿人在开阔地带找到许多天然形成的石头。他们发现这些石头可以帮助他们做很多以前做不到的事情。比如说，长在树木高处的果实，可以用石头将其打落；徒手打不开的果核，可以用石头敲开。慢慢地，猿人发现自己越来越离不开这些石头，这些石头也成了他们日常生活的必需品。

因为当时的猿人还只会使用拾到的石头充当器具，所以这些石头又被称为“旧石器”，而这个时代也被后人称作“旧石器时代”。在旧石器时代早期，猿人开始使用火，这样他们不仅能取火保暖，还可以烤制肉类。食用熟肉和从事劳动都使得早期人类的大脑得到发展，到了旧石器时代晚期，猿人已经学会将石头组合起来使用。

在中国境内考古发现的元谋人、蓝田人、北京人等，基本都生活在旧石器时代。在当时的社会中，男性负责狩猎、捕鱼和防御野兽，而女性担任采集、烧制食物和养育老幼等任务。因为女性的职责是可靠又稳定的生活来源，还代表了氏族集体的利益，所以在当时的氏族公社里，女性比男性占有更重要的地位，更受到重视。

石头也能磨成刀

随着人类生活水平的不断提高，那些旧石器已逐渐不能满足他们的需求，比如，旧石器不能完全适应新出现的农业生产。

早期人类“科学家”这时又登场了！他们发现，除了敲打外，通过磨制，可以获得许多适合当时农业生产的新石器！比如仰韶文化半坡遗址中出现的斧、铲、刀、磨盘等工具，就是这样制作出来的。这些磨制石器相比之前的打制石器又是一大进步，而这个出现了磨制石器的时代也被后人称为“新石器时代”。

大事记

世界

约6500万年前 白垩纪末灭绝事件，地球环境发生巨大变化

约300万年前 旧石器时代开始

中国

知识充电站

元谋人

元谋人生活在距今约170万年，是我国境内已知的最早人类。1965年，元谋人化石在云南元谋县被发现。当时，出土的文物有两枚牙齿、石器、炭屑。由此可以看出元谋人使用石器，并且会使用火。

蓝田人

蓝田人生活在距今约100万—70万年。1963年，人们在中国陕西省的蓝田县发现了蓝田人的化石。蓝田人的外貌很有特点，他们的前额平而宽，两个眉骨却又高高地隆起。有趣的是，他们的眼眶不是圆的，而是类似方形的。

北京人

北京人的生活年代距今约70万—23万年。1921年，地质学家安特生和古生物学家师丹斯基在北京周口店地区发现了一处古代猿人的生活遗迹。1929年，中国考古学者裴文中在周口店龙骨山山洞中，发掘出一个完整的头盖骨化石。此后，考古工作者在周口店又先后共发现了十万件以上的化石和文物。因此，周口店北京人遗址也是世界上出土古人类遗骨和遗迹最丰富的遗址。

然而，北京人头盖骨化石现在却无法展现在我们眼前。1941年太平洋战争爆发后，原计划运往美国保存的北京人头盖骨化石失踪，北京人头盖骨化石的去向就此成为历史上的一个谜团。

约170万年前 元谋人出现

约100万年前 蓝田人出现

约70万年前 北京人出现

03

新石器时代来了！

旧石器时代的人类主要靠采集和捕猎获取食物，要是运气不好，没有找到食物就会挨饿。但如果他们能自己种植植物，并养殖那些捉来的小动物，不就随时都有饭吃了吗？为了生存，人类开始了早期的农业活动。

人类学着开垦土地，播种植物的种子，并把捕获的野生动物圈养以供食用。他们渐渐积累经验并越做越好。之后，人类不再听天由命，只依赖大自然提供食物，而是靠自己的力量使食物来源变得稳定。

简单的旧石器已经不能满足农业和畜牧业生产的要求，人类对石器的加工更加精细，出现了磨制石器，也就是“新石器”；人类还学会了烧制陶器，做成更多的生活用品，如盆、盘、碗、壶。历史学家把农业生产、磨制石器和陶器的出现，看作新石器时代来临的

大事记

世界

约1.2万年前 新石器时代开始

约公元前3100年 古埃及早王朝时代开始

中国

约1万年前 中国各地陶器出现，农业开始发展

约公元前4700年左右 中国西北地区开始出现铜器

标志。

农业与畜牧的经营使得人类由逐水草而居变为定居，生活水平得到了更进一步的改善。因为农业生产需要大量体力劳动，所以力量强大的男性成为这一时期的主要生产力。在一个部落中，掌握了食物来源就等于掌握了整个部落的生命，于是男性逐渐取代女性成为部落的领导者，原来的母系氏族公社也逐渐发展成了父系氏族公社。

知识充电站

仰韶文化

1921年，新石器时代非常有代表性的仰韶文化被人们发现，其中半坡遗址十分有名。

在半坡遗址中，人们发掘出一个村落遗址。在当时，住房多是半地穴式的建筑，屋子中间会留有生火的坑和用于储藏食物的地窖。

半坡遗址最引人瞩目的则是陶器。在半坡文化遗址中出土的陶器上有二十七种符号，人们猜想这是一种原始文字，可惜至今依旧没有人能破解其中的奥妙。

▲ 新石器时代人类开始种植植物和制作使用陶器。

约公元前3000年 苏美尔早王朝开始

约公元前3000年 农耕社会基本形成

夏

文：绪颖，杨涛
绘：蒋讲太空人（时代背景）
Ricky（衣食住行，历史事件）

夏朝，一个传奇的时代！

在经过千万年的进化后，我们终于形成了特有的文化。也是在这个时候，中国第一个王朝——夏王朝诞生了。

在原始社会早期，人类要自己劳动、渔猎，才能吃饱肚子。随着“科技”的不断发展，更方便人们使用的石器、金属器具开始出现，人们劳动的效率越来越高，生产出来的物资在满足自己生活的需求后，还能有所剩余。就这样，有一部分人慢慢开始专门做管理和研究等脑力劳动，不再做辛苦的体力劳动了。当这样的分级越来越明显后，便产生了两个截然不同的阶级——剥削奴隶的奴隶主和被剥削的奴隶。

夏王朝，也是一个神秘又充满传奇色彩的朝代。说其神秘是因为考古界至今都没有发现社会公认的能证明夏王朝存在的直接证据。而关于夏王朝的历史呢，也只在中国传统文献中能探其端倪。说其传奇，则是因为许多神话故事都跟夏朝有着或多或少的联系，这其中虽虚虚实实，却也十分精彩。

生活在夏朝

衣

随着纺织技术的进步，服饰开始愈发普及。但由于当时生产技术相对落后，且无文字记载，人们只能推测夏朝的服饰较为宽松。有了衣服，人们就不必再像原始社会那样赤身裸体，或是用树叶和兽皮遮蔽了。

食

凭借现今的考古发现，虽然还难以确定夏朝人的饮食，但从最可能是夏朝遗址的二里头遗址出土情况来看，簋（guǐ）（一种盛装饭食的器皿）、罐、觚（gū）（一种盛装酒的器皿）等中国传统饮食器具已经较为成熟。很有意思的一点是，夏朝时已经有酒了。虽然发明酒的人是谁有很多种说法，但酒在夏朝确实存在，《礼记·玉藻》中记载了古人饮酒三杯后依然头脑清醒，这也说明当时的酒精度数不是很高。

住

随着技术水平日益提升，人们在空地上建造的房屋规模越来越大，包括较为成熟的宫殿建筑。例如在河南偃师二里头发现的宫殿遗址。

行

夏朝的人出行大多还是靠双脚走路，路途遥远时可以骑马、驴等牲畜。但可以肯定的是夏朝已经出现了车，只是不能确定是人力车还是马车。而相比商朝两米宽的马车车辙，夏朝的车辙只有一米宽。

01
一个神奇王朝的诞生

传说尧在位时，天下发了大水，尧便派鲧（Gǔn）去治水。鲧采用“堵”的办法——用土石来堵住决口的地方。但往往顾此失彼，堵住了这里，却又堵不住那里。等到舜即位，他觉得鲧没有尽力做这件事，便让鲧的儿子禹来接替父亲，继续治水。

禹在接受了舜的命令后，并没有着急治水，而是先去考察了地形。在总结了父亲鲧治水失败的教训后，他改变了治水方法，将“堵”改成“疏”。“疏”就是利用水向低处流的原理，将大水从平原引到大海。此外，禹不仅仅改变了治水策略，还身先士卒，和百姓们一起劳动。在外治水十三年，禹从没有回过家，甚至有三次路过自己家的大门，他都没有进去。后来，在众人的不断努力下，大水终于被引到了海洋。不仅成功治水，在治水的过程中，禹还走遍了大江南北，对各地的地形、习俗、物产等都做了深入了解。之后，他重新规划了九州的范围。

大水被治理后，禹的声望达到了顶峰。舜便效仿尧，将首领之位禅让给了禹。禹继位后，三苗部落祸乱中原，百姓们的生活受到了很大的影响。禹看到后开始着手讨伐三苗。在经历了一场历时七十天的大战后，禹获得了战争的胜利，三苗这一祸害也被铲除。

打败三苗后，禹的权力得到了增强。不久之后，在淮水中游的涂山，禹召集众多部落首领一起商议今后的统治问题。最终，禹在整合所有部落后，建立了夏王朝。这次大会又被后世称作“涂山之会”。

◀ 大禹治水

02
夏王朝的起起落落

◀ 夏桀施行暴政，常常骑在宫人身上。

?

以前，部落的首领都是禅让产生的。但我们知道，在中国历史上，王权大都由父亲传给儿子，我们称之为“世袭”。你知道这个变化是怎么发生的吗?

太康失国与少康中兴

传说禹本来将王位禅让给了益，但益在继位后并不得民心。有些部落仍支持启（禹的儿子），最终启发动战争战胜了益，并夺得王位。这样一来，本来以贤定君王的“公天下”变成了一家人说了算的“家天下”。

然而，获得王位的启面临的却是内忧外患。夏王朝刚刚建立，内部并不稳定，各地为了争夺利益经常发生战乱。而夏王朝为了扩充自己的实力，还需要与东夷作战，以获取资源。

启死后，即位的太康并不是一个好君王，他贪图玩乐、不理政事，这时的夏朝国力日渐衰弱。老对头东夷部落的首领后羿听说后，便带领东夷部队趁机侵袭，夺取了夏王朝的政权。后世将这段历史称作“太康失国”。

后羿和太康一样，也很贪玩，根本不好好治理国家，后来这个抢来的王位又被夏朝的少康夺了回去。在经历了一次失国后，少康痛定思痛，吸取教训，开始励精图治，开创了“少康中兴”的好时代。

夏桀亡国

少康之后又经几代，履癸（Lǚguǐ）获得了首领的位置，后人也称他为“夏桀”。夏桀这个人生性好战，经常去讨伐周边部落。本来已经对夏朝称臣的部落看到后，都感到非常心寒，纷纷决定独立。好战也就算了，夏桀还贪恋美色，每每击败一个部落后，都会将那个部落中最美丽的女子带回宫，妺喜就是其中一个。据《国语》记载，后来，妺喜（Mòxǐ）与成汤的右相伊尹合谋，才使夏朝灭亡了。因为成汤在商国，所以人们又叫他商汤。

商汤在伊尹的帮助下，实力日渐强大。约公元前1600年，商汤率领自己的部队开始讨伐夏桀。这一路上商汤的部队攻无不克，战无不胜，一路杀到了夏王朝的王都。此时夏桀虽想抵抗，但自己的兵力根本无法与商汤相比。夏桀一边逃跑一边应战，好是狼狈！他就这么一直逃到了一个叫鸣条的地方。商汤不想放过残暴的夏桀，对他紧追不放，两军又在鸣条展开了大战！

最终，鸣条之战以夏桀完败而告终。战败后的夏桀被商汤放逐到了南巢。夏王朝就这样彻底覆灭了。

大事记

世界

公元前18世纪 古巴比伦颁布《汉谟拉比法典》

中国

约公元前21世纪初 禹建立夏王朝

商

文：绪颖
绘：蒋讲太空人（时代背景）
Ricky（衣食住行，历史事件）

商朝：第一个得到考古证实的王朝

夏朝末年，商汤率领商国取得了“鸣条之战”的胜利，战败的夏桀遭到了流放。至此，夏王朝彻底覆灭。而后，商汤到了一个叫亳（Bó）的地方称“王”，并改国号为“商”。一段新的历史就在这里展开。

商朝建立后，首都频繁迁移。直到盘庚即位把首都定在了殷（今河南安阳），这才安定下来。因为商朝一半多的时间都是以殷为首都，所以后世也将商朝称为“殷商”。

商朝虽然是中国历史上的第二个王朝，但它却是第一个被发现同时期文字的王朝。夏朝虽然是第一个王朝，但到目前为止，人们还没有考证到夏朝的文字。

商朝不仅有文字记载，考古学家还在河南安阳发现了殷墟遗址，其中就有中国历史上最大的青铜器——后母戊鼎（原称“司母戊鼎”）。殷墟博物馆中还收藏有许多商朝时期的文物。通过它们，你可以更全面地了解商朝。有时间的话，跟爸爸妈妈一起去看看商朝留下来的老古董吧！

殷墟宫殿宗庙遗址
司母戊

生活在商朝

衣

这个时期，人们不仅会用葛麻布和皮革制作服饰，还会用蚕丝。在商朝，上身穿的衣物称作“衣”，下身穿的衣物称作“裳”。裳和现在的裤子不一样，而是一种类似裙子的着装。也正是因为下身穿裳，所以当时的人们坐姿都是跪坐，这样的坐姿被视为一种礼节。

另外，在商朝，人们有了佩戴配饰的习惯。商朝人按照图腾玄鸟的样子制作配饰，希望随身携带这些配饰能带来好运。贵族一般会选择白色玉石作为原料，而平民百姓则会选择白色石头或骨头来制作。因此，配饰也成了一种身份的象征。

食

商朝人在以往用火的基础上，又有了不同的烹饪手法。据文献记载，当时人们已经用烙、蒸、煮、爆、烧、炖、熬等多种方式烹煮食物了。商朝人的主食一般是五谷，其中最常食用的是粟。因为人们经常通过狩猎来练兵，所以可选的肉食种类也很多。

住

商朝的住房是按等级制度建造的。不过，即使是平民，住的地方也有所不同。考古学家们在小屯村西岗地发现了一些半地穴或地穴式房屋，推测这里可能曾住着为王室服役的工匠。位于小屯村西岗地的一些商朝晚期平民建筑则是地面房屋。而王室和贵族住的地方也是不同的，不同等级间的贵族居所也有一定区别。徐家桥村有一处大型四合院式建筑基址，或许曾是商朝某个有一定地位的贵族居所。小屯村西岗地有七处房基，疑似小贵族的居所，房屋之间相隔较远，且有储物的地窖。可见不同级别的贵族住房有较大不同。令人惊讶的是，当时的住房已经有了排水设施！1975年，在白家坟西地出土了二十八节商朝的陶制地下排水管道，让人大开眼界。殷墟宫殿宗庙遗址便是在商朝遗址上建立起来的。

行

平民出门大都是步行，贵族出行则会选择马车。商朝的马车分为两种，一种用于平时出行，另一种则用于打仗。除了马车，当时还有牛车，常常用来运送货物。

01

商朝有一位“超长待机”的名相！

◀ 商汤很得人心，自己部落的人支持他，其他部落的人也拥护他。

商朝的建立

夏朝的桀在收服了周边其他部落后，开始自满起来。他认为自己的功绩已经超越了此前所有人，于是自称为太阳。慢慢地，桀开始不理政事、贪图玩乐。他命令手下挖了一个大池子，并在里面装满美酒，每天在这个酒池边上聚会，再也不管政事。但百姓们敢怒不敢言，因为只要是对桀不满的人，都会被他杀掉。日子越来越不好过，大家都希望有人能站出来取代桀而成为王。

就在此时，位于夏朝东方的一个部落开始崛起。因为这个部落的始祖契被赐予了封地“商”，所以这个部落后来也以“商”为名。商在其统治者汤的领导下变得越来越强，这让桀感到不安，于是他将汤抓了起来。为了能救回汤，商的大臣们给夏桀送钱送美女，这才将汤给换了回来。回到商国的汤下定决心要推翻桀的统治。正在这时，一个人从夏朝逃到商国投靠了汤，他就是前文提到的伊尹。汤跟伊尹说了自己的想法，伊尹毅然决定帮助汤建立新的王朝。

汤吸取了桀的教训，决定体恤民情，以德立威，大臣和百姓们都各司其职。汤的行为不仅得到本族人的拥护，也得到了其他部落人民的拥护，邻近部落纷纷归顺于他。汤还采纳了伊尹的计策，离间桀与其同盟者东夷诸部落的关系，最终把夏王朝孤立起来。

削弱了桀的实力后，汤便起兵攻打桀，打得夏桀落荒而逃。鸣条之战的结果，想必你已经知道了。

商朝的两位大功臣

能顺利推翻桀的统治，有两个人功不可没——一个是汤，另一个是伊尹。伊尹本名

▶ 太甲与他的老师伊尹。

大事记

世界

约公元前1500年 印度吠陀时代开始

中国

约公元前1600年 商朝建立

约公元前1300年 商王盘庚迁都至殷

挚，尹是商朝建立后，汤为其封的官职，相当于后世的宰相。因他任职期间对商国的治理做出了很大贡献，所以后世就直接称他为“伊尹”了。

相传，伊尹是厨师的儿子，从小就很会做饭，但他却希望自己能建功立业。根据自己做饭的经验，他向商汤论述“五味三材”（调味）、“九沸九变”（火候）在烹饪中的重要性，用做饭来比喻治理国家。后世的老子也提出了“治大国若烹小鲜”的相似观点，可见伊尹是一个很有远见的人。

而且这位伊尹是一位“超长待机”的名相，有一种说法称他共辅佐过五代商王，德高望重。汤的长孙太甲继位时，因没有继承爷爷汤的治国理念，肆意妄为，于是伊尹决定教育太甲，让他改邪归正。

伊尹先将太甲安置在桐宫为汤守墓，然后与大臣们代替太甲执政。不仅如此，他还亲自撰写许多训词，以此教育太甲如何为政。经过在桐宫三年的学习，太甲终于认识到自己的错误，改掉了坏习惯。伊尹看到太甲的改变后，满意地到桐宫迎接他，并将王权交还给他，而自己则继续辅佐太甲。在伊尹的帮助下，太甲最终也成为一代明君。

▼ 为了救汤，商的人只好给夏桀送礼。

知识充电站

商朝的法律

一个王朝想要稳定发展，拟定一部完备的法律是非常必要的。夏朝时，为防止有人为非作歹，破坏别人的好生活，统治者便制定《禹刑》。

在商朝时也有法律，人们称它为《汤刑》。之所以命名为《汤刑》，主要是为了表示对商朝开国君主汤的崇敬和怀念，但它并非汤一人编写的。据记载，盘庚、祖甲等人在位时都修订过《汤刑》。可以说《汤刑》是整个商朝的智慧结晶。

《汤刑》以《禹刑》为基础，一共记载了约三百条罪名，其中最重的罪名是“不孝”。《汤刑》的设立不仅在当时具有重要意义，还影响深远。战国时期的思想家荀子就曾主张按照《汤刑》来制定法律。

02
商王又搬家啦！

为什么亳不再适合做
国都了呢？

商朝建立之初，汤将国都设在了亳。亳本是商这个部落的中心，对一个面积不大的部落来说，定都在这里是没有什么问题的，但对于一个新国家，这里似乎不再适合成为国都了。

随着国土面积的增大，亳的地理位置不再是商朝的中心。加上当时的通信方式并不发达，所有命令都需要人力传送，这就使得商王的命令很难及时传达到各地。不仅如此，王室内部为了权力和利益，经常发生争斗，这也需要商王及时出面协调。如果住在国都的商王不能很快派兵到达争斗的现场，也就不能及时调解或者镇压王室的争斗。最重要的是，国都一定要安全，可亳这个地方经常发生自然灾害。综合这些原因，汤便有了迁都的想法，只是还没来得及付诸行动，汤便去世了。于是迁都的任务留给了后任的商王们。

来看看商朝国都的迁移历史吧：

商王	起点	终点
仲丁	亳	嚣
河亶甲	嚣	相
祖乙	相	邢（或为庇、耿）
南庚	庇	奄
盘庚	奄	北蒙，后改名殷（今河南安阳）

一直等到盘庚将国都迁到殷后，王室内部的矛盾才终于得到缓解。殷这个地方自然环境良好，自然灾害少，于是商国就在这里定都。这个好地方也为后来“武丁中兴”的到来打下了基础。

◀ 迁都前，盘庚去说服贵族们。

知识充电站

后母戊鼎

最开始时，大家都错将鼎内壁上的铭文“后”认成“司”字，导致这个鼎在很长一段时间内一直被错叫成“司母戊鼎”。

“后”在商朝是“受人尊敬”的意思。后母戊鼎是商王祖庚为了祭祀自己的母亲而铸造的，是迄今为止世界上发掘出的最大、最重的一件青铜礼器。如此巨大的青铜器，即使以现在的技术来浇铸也很困难，然而要在商朝铸造这么一个大家伙，就更需要细致的分工和协作。可以说，后母戊鼎的发现让人们重新认识了商朝的手工业技术，它也成为商朝青铜器最杰出的代表。

证明商朝文明存在的直接证据！

殷墟就是当年盘庚迁都到殷后建立的都城遗址，整个殷墟的面积很大，占地约三十六平方千米。

宫殿宗庙位于殷墟的中心，盘庚后的历代商王都在这里工作和生活。因为是商王的住所，所以这里的安全设施必然要齐全。在这个区域的西、南两面，各有一条人工挖掘的防御壕沟，将宫殿宗庙环抱其中。壕沟不仅可以防卫外人入侵，还能起到消防的作用。

历史上第一位女将军妇好也埋葬于此。妇好墓是迄今为止发现的唯一保存完整的商王室成员墓葬。

宫殿宗庙的旁边是王陵遗址，里面一共有十三座大墓，从现代还原的墓穴来看，商朝时已经有了完备的殡葬体系。考古人员在这些大墓中挖掘出数量众多、制作精美的青铜器、玉器、石器和陶器等，迄今为止最大的青铜器——后母戊鼎，就是在这里发现的。

后母戊鼎

▲ 后母戊鼎通高1.33米，口长1.12米，宽0.79米，重约833公斤。

03

奴隶翻身做名相！

一个人的命运，会受到出身条件的影响吗？说说你的想法。

商朝虽由汤建立，但几百年后商逐渐衰弱了，振兴它的人是武丁。

武丁是小乙的儿子、盘庚的侄子。武丁的爸爸小乙对他要求严格。在武丁小时候，小乙便将他送到民间生活。所以跟其他商王比起来，武丁更能懂得百姓的疾苦。

武丁即位后，并没有立即着手管理国家。前三年，他从不亲自下达命令，而是把所有的政事都交给一位名叫冢宰的贤臣管理，他则向自己的老师甘盘学习治国之法。直到认为自己有能力胜任王位后，武丁才开始亲自治理国家。

此外，与其他商王不同，武丁有一套自己的用人方式。一日，他对大臣们说，自己梦到上天派了一位贤臣来辅佐他。他还根据记忆画出了这位贤臣的头像。大臣们便按照画像四处寻找这位贤臣，却不料，武丁大王的“梦中贤臣”竟然是个奴隶！

武丁可不在乎这些阶级门第的差别！他相信自己的判断，依旧将这名奴隶任命为相。他就是武丁在民间生活时认识的傅说（Fù Yuè）。傅说虽为奴隶，但他满腹经纶、韬略满满。在他的辅佐下，商朝开始快速发展。

有了贤臣的协助，武丁开始进行一系列改革。他首先改革了祭祀制度，统一神灵，将神权掌握到了自己手中。为了消除边患、营造稳定的周边环境，他开始向商朝周边不安定的部落宣战；征战中，武丁还征服了许多小国，扩大了领土，拥有了更多财物和奴隶。

大事记

世界

中国

公元前1250年 武丁中兴开始

此后的商朝开始走向繁荣，社会生产力水平得到了巨大提高，青铜业更是进入繁荣时期，后母戊鼎就是这个时期的代表产物。

而这个由武丁统治的辉煌时期，就是后人口中的“武丁中兴”。

知识充电站

老婆将军——妇好

武丁在位时，不仅任用奴隶出身的傅说为相，还让自己的老婆妇好当将军。

那时候，一些周边小国总来骚扰商国，西方的羌人最为猖獗，武丁为此大为头疼。妇好看到后，便自告奋勇去平定羌人。于是武丁便命妇好为将军，率领万人军队出战，这可相当于商朝总兵力的十分之一，可见武丁对妇好非常信任。

妇好轻松击退了羌人，大大削弱了他们的实力，使他们再也不敢来骚扰了。

这位妇好不仅有军事才能，治理国家也是一把好手。每当有犯人逃走，妇好就会亲自追查；需要统治者去关心老人的时候，妇好也会代表武丁前去探望。不仅如此，妇好因为有自己的封地，还会定期向商朝进贡。因此，武丁对妇好疼爱有加，妇好去世后，为她建了独葬的墓穴。总之，妇好为“武丁中兴”的出现也起到了很重要的作用。

◀ 武丁请傅说。

04

帝辛？纣王？商朝最后一位君主的真实面目

在你看来，纣王帝辛的优点和缺点各是什么呢？

纣王帝辛

商朝的最后一任国君是帝辛，他还有一个更为人所知的称呼——商纣王。在后世文献中，商纣王常被视为昏君、暴君的代名词，这也跟周朝统治者有意贬低讽刺他所造的舆论有关。这个“纣”就是周武王给起的恶谥。什么是“纣”？《谥法》里解释“残义损善曰纣”，即为凶恶不仁义的意思。

当朝的君主为了证明他们执政的正义性，常会抹黑前朝的统治，并否认前朝君主的功绩。这一状况在帝辛身上表现得淋漓尽致，儒家经典《尚书·周书》里记载了周武王的说法：“今商王受无道，暴殄天物，害虐烝民。”就这样把帝辛的形象定为一个暴虐昏庸的人。

那么帝辛究竟是一位怎样的君主呢，是否真的这般暴虐无道呢？我们应该结合多方的资料去评价他。

帝辛的真面目

有关年少时候帝辛的描写，多是褒赏之词。荀子和司马迁都曾描述过他高大威猛，力大无穷，从小就反应灵敏，聪慧过人。

帝辛即位后，鼓励农桑，推行牛耕。此外，他派军征伐叛乱的东夷并获得胜利，恢复了商朝在山东、江淮一带的领土。

可是，开疆拓土总是要消耗国力，征兵征粮使大家苦不堪言。帝辛终究没能平衡内外，凝结人心，才成了亡国之君。

当然，帝辛也有一些公认的缺点：不善纳谏、不认真祭祀、好酒淫乐。《史记》里记载商纣王在池塘里装满了酒，还造了一片挂满肉的树林，让男女裸体相互追逐，通宵达旦地饮酒作乐。司马迁对纣王这个玩乐场所的描写，让“酒池肉林”这个四字成语成为奢侈纵欲、毫无节制生活的代名词。酒池肉林是否真实存在尚有争议，但商朝人爱喝酒的风气，从考古发现大量酒器就可以印证。

但还有一些缺点却更像是他人强加给帝辛的，比如说他听妇人言、不重用亲戚、任用逃犯做官等。以现在的眼光来看，这不完全算是缺点。但当时周朝实行宗法和礼乐制度，便把这些也作为罪状添了一笔，教育当时的百姓遵守礼制。

孔子的弟子子贡对此也发表了自己的意见，他认为，帝辛并没有书里所说的那么坏，只是因为他被视为一个恶的形

象了，于是一些人就把自己所见过和能想象到的坏事都放在他身上讲。

孟子也说过“尽信《书》则不如无《书》”。我们在不同的时间，站在不同的角度看待同一件事情，所得所获都是不一样的。史书也是如此，它受到执笔者的时代和立场局限。这也是为什么很多史料记载相互矛盾，留下许多谜团。而现在的学者更支持多元地看待帝辛这么一位君主，而不是片面地认为这是一个十恶不赦的暴君。

知识充电站

谥号

谥号是古人死后根据他生前的行迹而为他所立的称号。帝王的谥号一般由礼官商议上奏；臣子的谥号由朝廷赐予。恶谥则是含贬义的谥号，比如厉、灵、炀，都含有批评的意思。

▲ 相传，帝辛的力气特别大。

▼ 帝辛喜欢享乐，好酒好色，甚至建造了酒池肉林。

05

三星堆遗址：神秘的古蜀王国

三星堆青铜鸟

你知道三星堆文化有什么特点吗？这里出土了怎样珍奇的文物呢？

知识充电站

权杖

权杖是一种木杖或金属杖，是贵族或掌权者用来表示自身权力及地位的物品。虽然在古埃及和中国都发现了权杖，但其形制和材质都不同。在中国发现权杖的材质有木质、金质、青铜质和玉石质。权杖在东方逐渐被玉玺代替，而在欧洲，权杖则发展为装饰华丽，镶嵌有宝石的金属礼杖，至今仍被一些皇室和教会使用。

在四川省广汉市的西北方，分布着一个距今有三千年至五千年历史，面积达12平方千米，保留有几片完整城墙和许多珍贵文物的文化遗址——三星堆文化遗址。这个地方曾经是古代蜀国的都城。

三星堆遗址可以说是二十世纪人类最伟大的考古发现之一。在没有发现三星堆之前，学者一向认为，与中原地区相比，古代巴蜀地区是一个落后封闭的地方，并与中原文化很少有交集。而三星堆的存在，证明古代巴蜀地区也产生过发达的文明。

三星堆遗址所出土的大量陶器、石器、玉器、铜器、金器，造型奇特、制作精美，表现出浓厚而神秘的宗教文化色彩。这些文物展示了商朝中后期蜀国青铜文明高度发达、独具一格的面貌。

三星堆出土的金器里有目前发现的中国最早的金杖。金杖是代表政治与宗教权力的礼杖，而三星堆的这个金杖长约1.43米，上面刻有人头、鱼鸟纹饰，象征古蜀国首领的权力上天入地。

而这里出土的青铜器器形高大，造型生动，结构复杂。除各种器皿工具外，还有大小人头像、立人像、动植物像等。其中，青铜纵目面具双眼斜长，眼球极度夸张，富有地方特色。还有一个高2.6米的青铜立人像。这个青铜立人头戴莲花状的高冠，大眼直鼻，方颐大耳，穿左衽长袍，佩脚镯，两臂一上一下举在胸前，双手各自握成环状，是难得的研究古蜀人礼仪与服饰的资料。这样高大的青铜铸人像在商朝青铜文明中是独一无二的。

此外，从以植物为造型特点的文物青铜神树上，我们也可以推断出那时候蜀人有植物崇拜的宗教意识。古时候人们认为万物皆有灵，树木花草是拥有灵性与神力的，尤其是年代久远的生物，比如在密林老树中，往往有神灵寄住。这座青铜神树高3.96米，有三层树枝，每层有三个枝丫。每个枝丫头部有累累果实，还站有一鸟栖息。树干旁有一蜿蜒盘桓的神龙绕树而下。很多研究人员认为，这个神树与神龙的形象和幻想中的“扶桑”神树都有关系。

总之，三星堆遗址给人们提供了研究中华文明演变进程的珍贵文物，而它还藏着许许多多的未解之谜，等着人们去探索。

三星堆青铜纵目面具

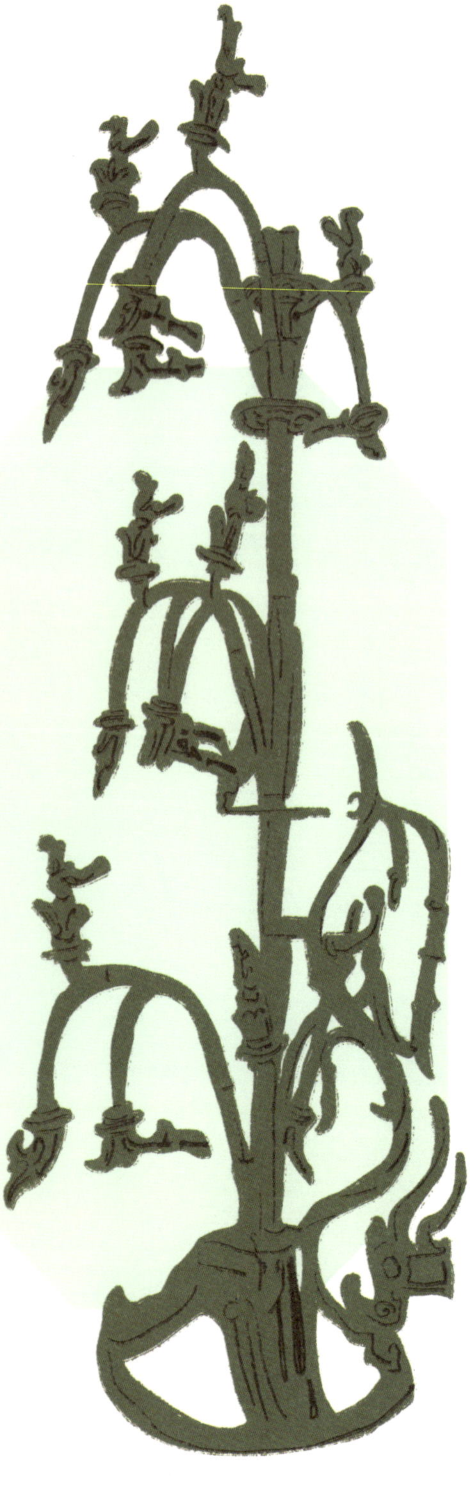

三星堆青铜神树

知识充电站

动植物崇拜

动植物崇拜是原始宗教信仰的一种。在原始时代，人们靠猎取野生动物和采集野生植物来生存，因此便把幻想和希望寄托在所要猎取和采集的动植物上。又因为这些动植物可以很大程度地影响人们的生活，人们的这种希望就化为精神寄托和内心信仰。

三星堆青铜立人像

三星堆黄金面具青铜人像

西周

文：绪颖
绘：蒋讲太空人（时代背景）
Ricky（衣食住行，历史事件）

周的开端

周本是一个古老的部落，在尧舜时期就已经存在。

为了躲避蛮族的侵犯，周人集体搬家到岐山去了。经过大家的不懈努力，周逐渐发展起来，一直到周文王继位。而与此同时，商王帝辛逐渐失去百姓们的拥护。这为周推翻商朝统治提供了良好的契机。

等到周武王时期，周终于发动对商朝的战争，一呼百应。牧野一战，商军纷纷倒戈，帝辛逃到鹿台自焚而死。公元前1046年，周王朝正式建立，并把首都定在了镐京（今陕西西安西南）。跟商朝一样，周朝也经历过迁都。周平王将首都向东迁至了洛邑（Luòyì）（今河南洛阳）。

以迁都作为划分的依据，整个周朝分为两个阶段。一般我们称东迁之前的周朝为西周，东迁之后的周朝为东周。从西周开始，整个华夏境内的各个民族与部落开始融合，最终形成了现代汉民族的前身——华夏族。

这一章里，我们主要来看看周朝东迁之前——西周的故事。

生活在西周

衣

西周时，贵族的服饰也分为衣和裳。与商朝不同的是，西周的礼服还要在腰上束一条像围裙一样的宽边衣带，盖在裳的外面，这衣带被称作“韨（fú）”。此外，男孩子们如果长到二十岁，就要举行冠礼——把头发盘在头顶，再戴上帽子套住发髻。因此，男孩子二十岁也被称为“弱冠之年”。

食

西周时的饮食和商朝没有太多区别，五谷依旧是人们的主要粮食。在南方，人们多吃水稻，而北方则习惯吃小米。当时的饭主要是用鼎或鬲（lì）蒸煮，并配以菜肴。周人十分重视礼，因此肉类也被分为不同的等级。从祭祀用的肉来看，牛、羊、猪肉比较贵重，而鱼肉相对便宜亲民一些。

住

西周时期的住宅有多种，王室、贵族、平民住的地方各不相同。西周的宫室建筑、贵族建筑都坐落在高大的台基上，但宫室建筑的规模更大。而普通百姓住的地方，主要有地穴式和半地穴式两种。据考古学家们的发现，西周早期地穴式房屋直径普遍在5米以上，比现代的一些公寓还要大。

行

如果生活在西周，平民们的出行方式多以步行为主。不过在这一时期，马车已不仅仅是贵族常用的交通工具，还是西周重要的作战工具。此外，当时的水运也已经相当普遍，西周的人如果要过河，可以选择坐船。

01

西周王朝的建立

你知道《封神演义》的故事是根据哪段历史故事改编的吗？

周本是中国西北黄土高原上一个农业发达的部落。据说“周”这个姓是商王武乙赐予的。周族人擅长农耕，而“周”字的金文“上田下口”，看起来像是茂盛的农作物长在一大块方形田界的农田里。

周的祖先

周族始祖叫作后稷（jì）。《史记·周本纪》开头就有记载，他的母亲姜嫄到野外见到了巨人的足迹，踩上去后突然感觉体内有胎动，就像怀孕了一样，一年后，她便生下了一个男孩。她认为这个孩子不吉利，一次又一次地把他丢弃到窄巷、山林、冰雪之上，可是孩子如有神护，每一次都安稳

大事记

世界

中国

公元前1075年 商王帝辛（纣王）即位

公元前1046年 牧野之战，商朝灭亡

地活下来了。姜嫄发现这个孩子并不一般，就把他捡回来抚养长大，并取名为弃。弃成人后，尧让他担任农师，播种各种谷物。于是弃以“姬”为姓，号称后稷，主管农业，教民耕种。

周从后稷到文王共有十五个王，他们都是周部落的先公。在这些首领的领导下，周人开始建造城邑，复兴农业。慢慢地，周从一个小部落成长为一个具有强劲实力的国家。

让周国越来越好的周文王

周国是商朝的属国。从周王季历起，周国就开始向外扩展，并帮助商王朝击败戎狄那些西北方的部落。于是，商王文丁就封周王季历为诸侯的领袖“牧师”。

后来，商王文丁日渐感觉周国的强大对他来说是一种威胁，于是就随便找了个理由杀了周王季历。当季历的长子周文王姬昌继位后，商王帝乙希望可以跟他们重修旧好，为此想了种种办法。

帝乙死后，帝辛即位，也就是商纣王。当时姬昌、九侯和鄂侯担任位高权重的三公职位。姬昌因不满纣王处死九侯和他女儿，被纣王囚禁在羑里。姬昌的部下为了赎回他，向纣王进贡美女上缴财宝，费了好一番功夫。姬昌返国后，积极团结贵族与国人，得到许多有才之人的帮助，比如太公望、南宫适、散宜生、闳夭、太颠等。他还制定了管制奴隶

▶《史记》中曾提到，纣王会把罪人绑在滚烫的铜柱上作为惩罚，这种酷刑又叫炮烙，后来被周文王废除了。

趣味典故

姜太公钓鱼，愿者上钩

有一天，周文王出巡至渭水边时，发现用直鱼钩在钓鱼的太公望，就问他为什么。太公望回答："我要钓的鱼是自愿上钩的，而不是用弯的鱼钩来强迫鱼。愿意来就来，不愿来就算了吧。"周文王领悟到这是在说四处求贤的自己，于是说："殷王暴虐，民不聊生，我想请先生担任我的老师，帮助我振兴世道。"太公望答应了，周文王当场拜他为太师。

这个故事并没有在正史中记载，有可能是虚构的，但它在民间流传甚广，我们常用的歇后语"姜太公钓鱼——愿者上钩"就源自这里。

的规范，将国家治理得井井有条。姬昌统治时，从不直接和商朝发生冲突，而是通过团结友邦、消灭西方戎国，来孤立商朝的统治。

《封神演义》的蓝本

姬昌病逝后，他的儿子姬发继位。当时商王朝对外战争消耗了大量国力，加剧了国家财政负担，导致统治混乱、人心惶惶。与此同时，周武王领导下的周国日渐强盛，已经不安于做商王朝一个小小的属国了。终于，周武王带领各诸侯联军起兵讨伐商纣王。

联军在殷都郊外的牧野和纣王的大军进行了一场关乎王

▼ 牧野之战。

朝更迭的决战——牧野之战。史书记载，这场战争虽然商朝军队人数远比周国的军队人数要多，但其军队为纣王仓促武装的大批奴隶、战俘，都无心恋战、倒戈相向，促使周国军队一天内就获得全胜。

最终，商纣王被迫自焚，商朝的政权至此结束，而周王朝的统治序章开启了。

后来明代的神魔小说《封神演义》就是以武王伐纣这段历史为背景，讲述各路神仙斗智斗法、破阵封神的奇幻故事。至今，人们还对周国与商朝对抗的这段历史津津乐道。

知识充电站

感生神话

一种关于人类始祖诞生的神话类型。一般情节是女子因为接触、感应、吞食到某物而受孕，并诞下人类的始祖。中国的神话故事中，有关炎帝、黄帝、伏羲、契、尧等神祇出生的故事都是感生神话。

周武王

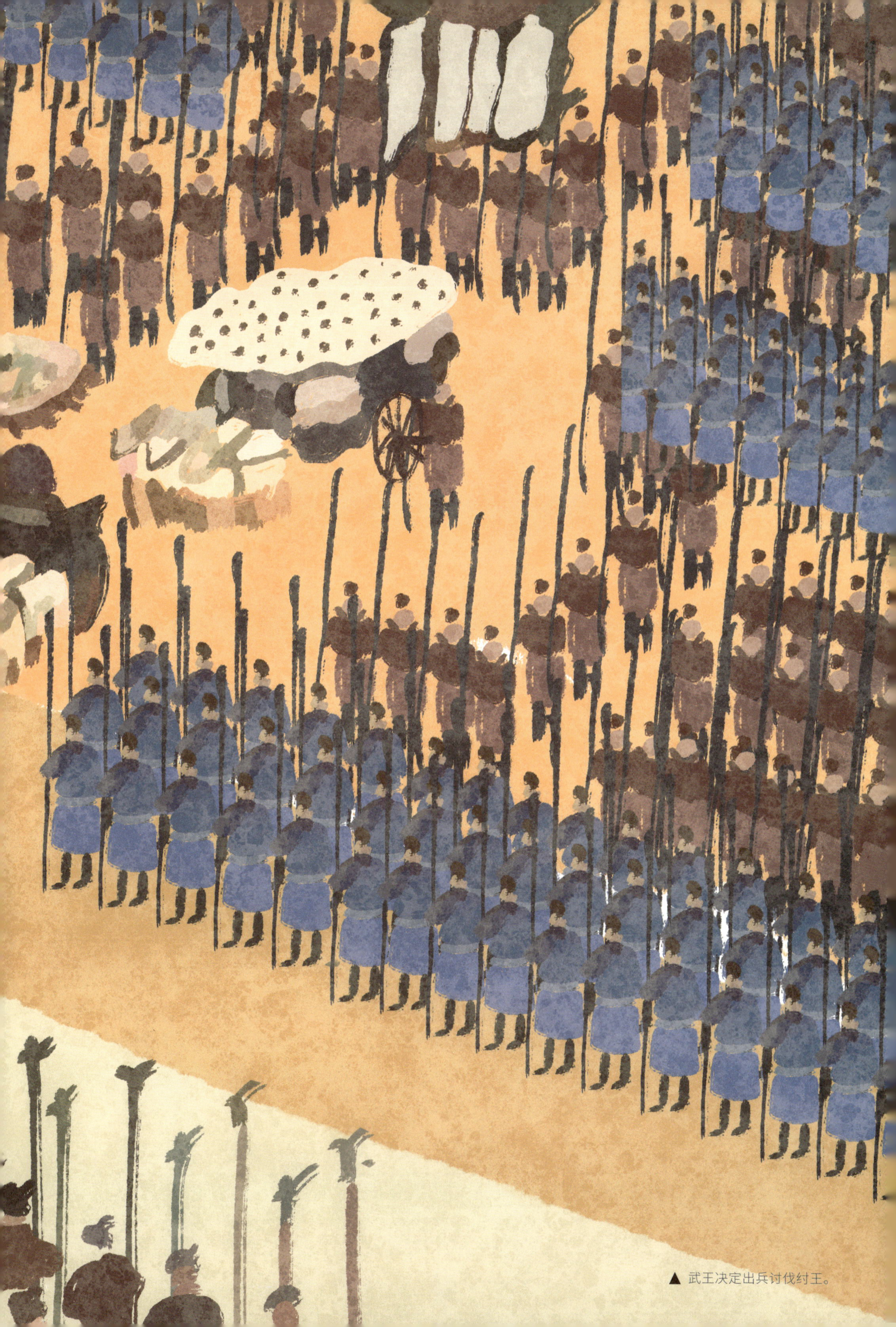

▲ 武王决定出兵讨伐纣王。

02

天下是大家的，
那就大家一起来治理吧！

▶ 周武王实行分封制。

大事记

世界

中国

公元前1042年 周成王姬诵即位，周公旦摄政你知道"封建"是什么意思吗？

分封制的建立

周朝建立后，周武王作为君主，其首要任务就是巩固自己的统治。商朝开始已经分封诸侯，称号有公、侯和伯。到了周朝，这种形式被完善成为一项政治制度，叫作分封制，也叫封建制度。

现在我们说的"封建"，常常是指思想保守落后，这里的"封建"含义不同，指的是"封邦建国"。编年体史书《左氏春秋》的解释则是"封建亲戚，以藩屏周"。简单来说，就是把王族、功臣和先代贵族分封到各地做诸侯，建立诸侯国，并让他们担任中央的屏藩。在封建制度下，周王又称为"天子"，具有高高在上的权威。天子之下，诸侯们又被分为不同爵位。

诸侯的权利和义务

周武王克商后，很多领土都远在西北。幅员辽阔的疆土和商代的后裔都不易得到控制，于是武王实行了第一次的封建政策。他把周国的土地分割成小块，赏给王室子弟、贵族和功臣，让他们负责管理这片区域和土地上的居民。这些受封的诸侯在他们的封国里享有世袭统治权，当然，他们也要服从最高领袖周天子的命令、定期朝贡、提供军赋和力役。

武王把首都定在了镐京，而商朝原来的首都——殷，则被封给了商纣王的儿子武庚，并由他去管理商朝的遗民。但是，武王担心这些遗民会造反，所以他把自己的三个弟弟管叔、蔡叔和霍叔分封到殷的附近，目的是监视武庚，称为"三监"。

知识充电站

遗民

指改朝换代后，前一个朝代的子民，或指沦陷区里不仕新朝的百姓。

▼ 成康之际，天下安宁。

知识充电站

摄政

君主制下，一个国家的继任君主不能管理国家时，由他人代替君主处理国政。摄政最常见的情况即是君主尚年幼而不能亲自执政。摄政者多由在位君主的直系亲属担任。

最早的太平盛世

周武王死后，他年幼的儿子周成王姬诵继承王位，由武王弟弟周公旦摄政。周公旦掌权让担任“三监”的三个弟弟心生嫉妒、感到不满，于是他们联合武庚一起起兵反抗周公旦。这个历史事件就是“三监之乱”。

周公旦亲自带兵去平定叛乱。用了三年的时间，周公旦不仅平定了三监之乱，还继续东征扩大了周王朝的土地面积，并在洛邑建造了东都成周，把它作为统治东部地区的政治和军事中心。为了防止商民再次叛变，他把参加武庚叛乱的“顽民”迁到东都，并派驻重兵加以监管。

东都成周建成后，周成王姬诵回镐京亲政，周公旦则留下来治理东都。至此，周朝得以巩固，并迎来了一段政治清明，人民安居乐业的日子。《史记》上说，“成康之际，天下安宁，刑措四十余年不用”。这段时间被称作“成康之治”，是有历史记载以来最早的太平盛世。

通过分封制，周朝开发边远地区，扩大统治区域，周文明覆盖了整个黄河中下游地区。周朝成为一个延续数百年的强国。但其实从“三监之乱”这件事情我们就可以看出，分封制是潜藏了不稳定因素的。到了西周后期，社会局势动荡，大国兼并小国的状况时有发生。最终形成了春秋时期诸侯争霸的局面。

03

周朝人
有哪些日常工作呢？

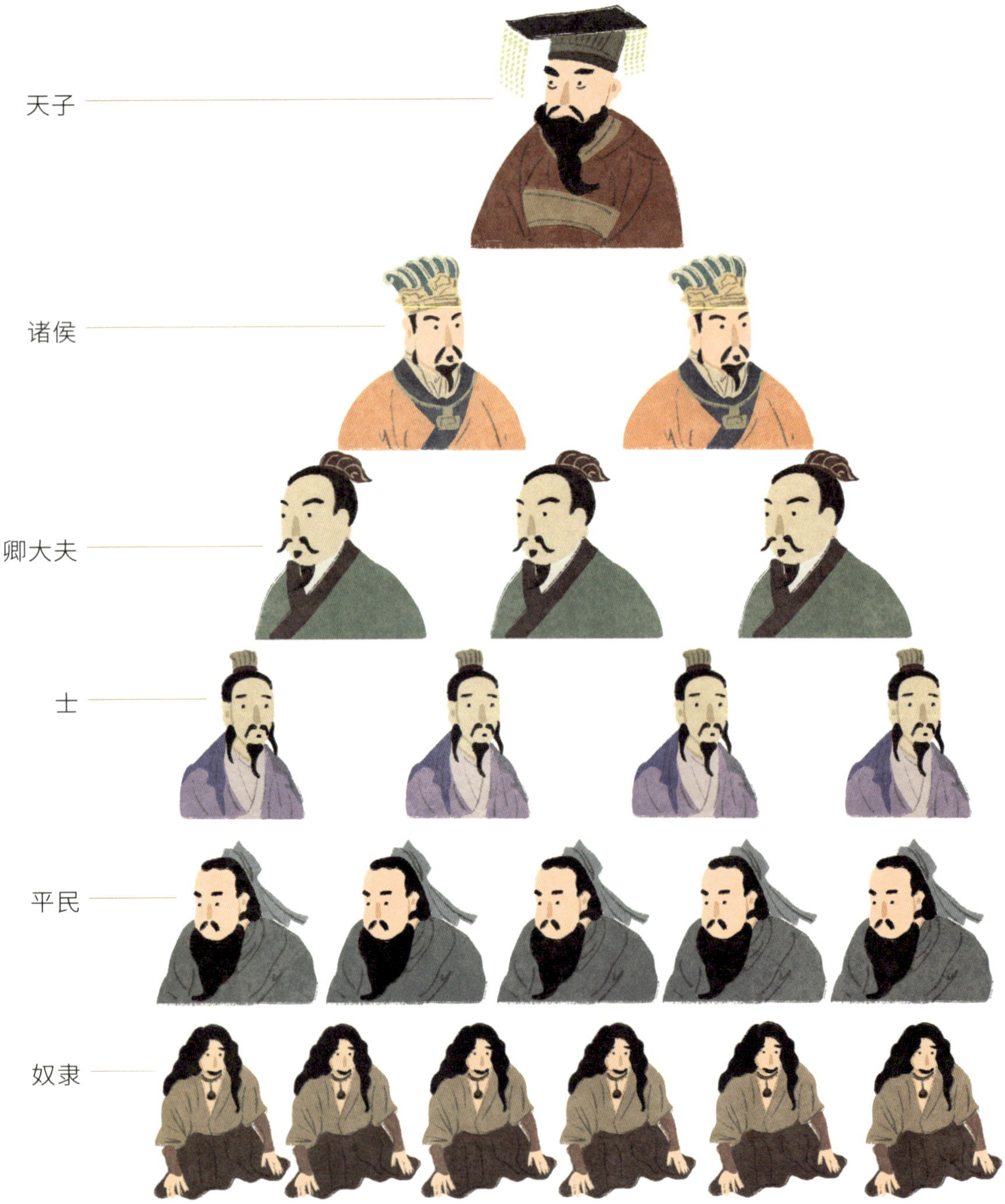

西周的等级制度

▲ 西周的手工制品：青铜爵（左）相当于酒杯，陶鬲（右）相当于锅。

在周朝，最有权力的是谁？地位最低的是谁？

从前面提到的分封制，我们知道西周社会有等级制度。周天子是权力金字塔的顶端，往下诸侯有封国，并对封国具有统治权。诸侯以下是卿大夫。天子、诸侯、卿大夫的身分都是由嫡长子继承的。卿大夫以下是士，士以下就是平民阶级，而平民中又有“国人”“野人”的区别。西周还有奴隶，奴隶的地位最低。而出身是许多人没法选择的，他们难以改变自己的命运。

西周分封制是由一项经济制度——井田制支撑的。在井田制下，周天子把周国的土地分割成小块，赏给王室子弟、贵族和功臣，让他们负责管理这片区域，然而土地还是属于周天子的，诸侯们可以世代享用，但不能转让和自由买卖。诸侯的这些土地主要由平民负责耕作。据说，每个平民男性劳动力被分配耕种百亩田，每隔三年，这些耕作者可以相互更换一次劳动区域。

在西周时期，社会上已经出现了一些比较锐利的农器。当时盛行耦（ǒu）耕，即二人为一组，一起耕作，省时省力。因为便利的农器和耕作方法，农业发展迅速。《诗经》曾描写过“千耦其耘”，指的是一千对农民在耕地的场景，可见规模多么庞大！庶民们长年在田间劳作，到秋收完毕，他们还要为所侍奉的贵族捕猎、剥制兽皮、酿酒以及做其他各种劳务。他们的妻女同样是贵族的侍仆，要为公家采桑、养蚕、织帛、缝制衣裳等。平民一年下来都主要在劳动中度过。

除了农业外，西周的手工业生产也得到发展。贵族们拥有各种手工业作坊，而那些具有专门技艺的工匠，被称为“百工”。我们现在去博物馆参观，还可以看到西周时期的各种青铜器、陶器、玉器和车辆。

此外，在西周较大的城市里也出现了成规模、有管理的市场。那时候还没有纸币，金属制的钱币也很少，主要还是通过以物换物的方式，或者是用海贝作为货币进行交易。市场里则出售各种玩意，比如兵器、牛马、丝帛，还有奴隶。这些奴隶大多是战俘和罪人。后来，随着大规模的战争减少，奴隶在整个人口中的比例下降。而据铭文所记，五名奴隶才值一匹马和一束丝，可见他们的地位之低。

04

在周王朝，怎么做一个有教养的人呢？

如果穿越回周朝，你需要遵守哪些行为规范呢？请说说看。

▼ 乐师演奏甬钟。

礼乐制度是什么？

周人重视礼。他们认为礼是用来维系人和天、人和人之间的关系的。周礼，也叫礼乐制度，相传是周公旦创建的，这种制度主要是通过礼节和音乐来潜移默化地规范人们的生活。它和封建制度、宗法制度一起影响着周朝社会。我们在今日的生活礼俗中仍然可以感受到周朝时期建立的那些政治秩序、祭礼仪式和文化艺术的深远影响。

周礼的名目有很多，比如吉礼、嘉礼、凶礼、宾礼等等。吉礼是对祖先和神祇的祭祀；嘉礼则是那些喜事，比如婚嫁、孩子成年、宴请宾客等；凶礼指的是丧葬，还包括对天灾人祸的哀悼；宾礼指诸侯对周王的朝见、诸侯间的聘问和会盟等活动。所有礼制都和法律一样，体现出等级的区分，而且这些礼乐制度不得修改，周王有权力去惩罚那些违礼的贵族。

衣食住行也要遵守规定

周人，尤其是有地位的贵族，他们的衣食住行都受着礼的约束。穿衣方面，他们要按照礼制来穿衣服。例如，参加重要典礼的时候，就要穿相应的服装，佩戴相应的配饰，这些象征着自己的身份。各社会阶层可以通过他们的服饰的质地、形状、尺寸、颜色、花纹等体现出来。

饮食方面，周朝设立了负责管理饮食事务的官员。各个

▼ 西周实行礼乐制度。音乐是其中非常重要的部分，体现着阶级尊卑。图中为两个人演奏编钟。

▲ 青铜器和玉器都是贵重的礼器，图中的青铜天亡簋，是“周朝开国大典”的纪念品。

等级在宴席中的规格和配菜都是有讲究的。周人还对客食之礼、待客之礼、侍食之礼、宴饮之礼、进食之礼等都有详细的规定。为了摆脱商朝末期的酗酒风气，周朝初期设有限酒令。

西周在建筑上的突出贡献是瓦片的发明。《礼记》中关于建筑的说法，有“左祖右社，面朝后市”“三朝五门”等。“左祖右社，面朝后市”说的是国都的布局。从“左祖右社”我们可以看出，礼制中强调崇敬祖先和祭祀土地粮食神明。“社”，说的是社稷，也是周人自认的先祖，表现出他们对农业的重视。“面朝后市”也交代了朝会和市集的地方，这个概念被用到后来房屋的布局，即“前朝后寝”。

西周时期已经有从都城到各地的道路了。最重要的一条从镐京到成周的大道，叫作“周行”或“周道”。当然，车马这些交通工具是贵族的专利，庶民主要的出行方式还是徒步。

西周的音乐发展很快。本来《诗经》也是和歌而唱的，但这些曲调已经失传了。在当时社会，音乐不仅仅存在于贵族日常生活中，还是国家大型活动必不可少的组成部分。《周礼》就对当时音乐的体系和建制有非常详细的说明。国家专门的音乐机构叫作“大司乐”。其中的工作人员，包含乐师在内，据说有上千人。但这些演奏音乐的人主要来自平民阶层。因为周朝统治者更注重的是音乐的德育功能，而不是演奏技巧或者美学价值。

知识充电站

僭越

指超越自己的本分做事，儒家认为这样的行为不合礼教。

▲ 先秦时期，玉做的礼器有六种，分别是璧、琮、圭、璋、琥、璜。图中是西周的龙纹白玉璧，作为礼器，它可以用来区分等级、贵贱。

05

从《诗经》中了解西周王朝吧！

为什么周朝人要采集民歌呢？

▲ 西周官员在街头跟平民聊天，了解大家的生活情况。

如果想研究周朝历史，有一部非常重要的著作一定要读，那就是《诗经》。

《诗经》是儒家经典四书五经中的一部，也是我国最早的诗歌总集。在被奉为儒家经典前，它被称作《诗》或者《诗三百》，因为它收集了西周初年至春秋中期的三百零五首诗。

《诗经》的一种成书方式是采诗。何为采诗呢？就是收集民歌。周朝时已经有专门采集诗歌的官员了。他们巡游各地，摇着木铎引起人们的注意，在田间、市集、作坊与百姓交谈，记录下当地流行的诗歌。

那为何要采诗呢？《礼记》里写道："命大师陈诗，以观民风。"采诗是为了考察当地风俗，了解政事得失。收集来的诗歌经过采诗官的整理后，交给负责音乐的官员谱曲，并演唱给周天子听，作为君主施政的参考。

《诗经》分"风""雅""颂"三部分。"风"是民风歌谣，主要是通过采诗收集而来。"雅"则多是祭祀或宴会上的诗歌，内容有祈祷丰年、歌颂祖德和史诗等，同时还有一些贵族反映人民想法、讽刺政治的诗歌。"颂"为宗庙祭祀的诗歌，是最官方、最正统的礼乐。

"赋""比""兴"是《诗经》的表现手法，简单来说就是直接表述、打比方和兴起联想这三种文学表现手法。让我们一起来读《诗经》里的几句诗来体会一下吧。

赋

"蒹葭苍苍，白露为霜。所谓伊人，在水一方。"

《国风·秦风·蒹葭》里这句诗说的是，深秋水边长着茂盛的芦苇，白露在夜间结成了霜。我思念的那个人，在河水的另一方。

这里用的手法是"赋"，就是直接表述自己的情感。它不是专门描写景色，而是触景生情，人们在吟唱时便可以感受到其中悠长的相思之情。

比

"蛇蛇硕言，出自口矣。巧言如簧，颜之厚矣。"

《小雅·巧言》是一首政治讽刺诗。这句诗犀利地抨击了那些进谗者，讽刺他们夸夸其谈，说好听的话谄媚奉承，行为厚颜无耻。

在此把花言巧语比作簧片，比喻话说得像奏乐一样好听，因而迷惑当权者周天子。

▶ 蒹葭苍苍，白露为霜。

这四字诗句同“巧舌如簧”，含有贬义，现在演变成我们常用的四字成语。

兴

“桃之夭夭，灼灼其华。之子于归，宜其室家。”

《国风·周南·桃夭》里这句诗描述的是在春光明媚的时候，桃花盛开了，姑娘出嫁了，她喜气洋洋地到了夫家。

这里用到了兴起联想的手法，描写出嫁新娘的美貌就像盛开的桃花一般美丽。历史学家也可以从这句话推测出一些周朝人的传统，如《周礼》里说：“仲春之月，令会男女。”由此可见，在春天出嫁的习俗和诗里所描述的场景相印证。阅读《诗经》有助于我们更了解周朝人的生活。

因为《诗经》反映了当时贵族和平民生活的百态，有人把它称作古代社会的人生百科全书。它的史学价值和文学价值一样重要，这也是为什么《诗经》的一些诗歌能够传唱千古，至今脍炙人口。

06 由盛转衰的周王朝

你认为是什么导致了
周王朝的灭亡呢？

▲ 人们对周厉王的暴政忍无可忍，决定围攻王宫，推翻周朝的统治。

成康之治之后，周朝开始由盛转衰。周昭王即位后，致力于向南方发展，多次征伐楚地。周昭王在成周集结大军，同时命令各诸侯国率领本国军队一起讨伐楚国，这就是“昭王南征”。

第一次南征还算顺利，于是周昭王又组织了声势更为浩大的第二次南征。可是，周朝军队才刚到汉水边准备渡江时，突然阴风阵阵，受惊的将士们哪里还有心情打仗呀！到了第三次南征，据说因为汉水流域的船夫对周人的骚扰怀恨在心，暗中对船只进行了破坏。船走到江心时，船体散裂，周昭王和随行的大臣都掉入水中。不会游泳的周昭王就这样在南征中溺水身亡。周人因为觉得周昭王死得很不体面，都不愿意多提此事。

随后即位的是周昭王的儿子周穆王。周穆王一即位就开始东征西讨，常年的征战浪费了国家很多金钱，周朝的势力也大不如前。而这时候，西北地区的戎狄部落却越来越强。昭穆时代之后，周天子的权威已经不像从前那样无可撼动了。据说到了周夷王时，诸侯来朝，夷王都不敢坐受朝拜，而是走下朝堂迎见的。

到周厉王时期，连年的战乱给民间带来深重的疾苦。与此同时，周厉王任用荣夷公做他的谋士，对山林河湖这些自然资源进行垄断，不准国人进入谋生。而且，为压制国人的不满，周厉王还派专人监视民声，一旦有说王室坏话的人就格杀勿论。在这样的高压政策下，大家都忍无可忍，最终走上造反的道路。

这个历史事件叫作“国人暴动”。公元前841年，受不了暴政的镐京人民集结起来，手持棍棒、农具作为武器，围攻王宫。周厉王这时已经带领亲信逃离了镐京，再也没有回到他的王位上。国人暴动后，周厉王虽然不在都城，但也没有去世，所以他的儿子不能马上继位。不过也有说法称，当时共国首领共伯执政，因为共伯名字是“和”，因此称“共和行政”。

大事记

世界

约公元前814年 迦太基城建立

中国

公元前877年 周厉王姬胡即位

公元前841年 镐京爆发“国人暴动”，周厉王姬胡逃离镐京。

公元前827年 周宣王姬静即位

07 西周的终结！

在“烽火戏诸侯”的故事里，为什么没有人搭理求救的周幽王呢？

▲ 犬戎进攻周的国都。

大势已去的西周

周幽王继位时，西周社会存在着各种各样的问题，内忧外患，地震、旱灾等自然灾害也频频发生。周幽王又任用贪财好利、善于逢迎的虢石父执政，变本加厉地剥削百姓。朝廷的腐败最终激起了国民的怨恨。

而西周最终覆灭的原委还要追溯到周幽王攻打褒国时，当时褒国战败，于是献出美女褒姒乞求投降。据说这个褒姒很漂亮，周幽王十分喜爱她。后来，褒姒为周幽王生下儿子姬伯服，周幽王对她就更宠爱有加，并决定废黜王后申后和太子姬宜臼，改立褒姒为王后，姬伯服为太子。

于是，原本的太子姬宜臼便投奔他母亲的家乡申国。而此时，周幽王正决定出兵讨伐

大事记

世界

公元前776年 世界上第一次奥林匹克运动会在古希腊举行

中国

公元前782年 周宣王姬静死，周幽王姬宫湦次年即位

公元前771年 犬戎攻进镐京，西周结束

申国。因此，申侯联合周围的缯国、犬戎等势力反攻周幽王。

在战乱期间，周贵族纷纷把象征权力的鼎、簋、盘等铜器埋了起来，并向东方逃难。公元前771年，犬戎攻陷了镐京，把周幽王和姬伯服都杀了，并把周王室多年积累起来的财物掠夺一空，纵火撤去，史称“犬戎之祸”，西周就这样覆灭了。

灭亡的传说

关于西周灭亡有一个流传已久的典故——烽火戏诸侯。故事说的是周幽王为了博取褒姒一笑，用尽各种各样的方法。最后，他听从了虢石父的建议，点燃了烽火台，戏弄诸侯。烽火台本来是敌寇侵犯时用来紧急报警的，可当诸侯急匆匆带领军队来救驾时，却发现什么事情都没发生，而周幽王和褒姒在台上看他们的笑话。褒姒这一笑得来不易，周幽王很高兴，往后又多次点燃烽火博美人一笑。就像“狼来了”的故事那样，诸侯们渐渐都不相信这个警报了。犬戎之祸那天，等他们意识到真的有危险赶来援助时，镐京已经沦陷了。

“烽火戏诸侯”这个故事见于《史记》，但近年来多有考证，它是个子虚乌有的故事。我们不能说周朝灭亡是因“褒姒一笑失天下”，但天子失信于诸侯，对分封制支撑起来的西周王朝是致命的打击，更何况当时已是内忧外患层出不穷呢？总之，考虑到西周的社会情况，无论有没有“烽火戏诸侯”这个事件，西周王朝的政权都很难再维持下去。

▼ 周幽王“烽火戏诸侯”。